Advent und Weihnachten ist schon eine ganz besondere Zeit. Ob man will oder nicht, man kann sich der weihnachtlichen Stimmung, ob fröhlich oder besinnlich, eigentlich nicht entziehen. Auch für unser Zuhause versuche ich jedes Jahr etwas von dieser Stimmung einzufangen und stelle Kerzen und Gestecke auf, schmücke die Fenster mit schönen Bildern, backe unsere Lieblingsplätzchen und bastele Weihnachtskarten. Schließlich muss man es sich drinnen ja etwas heimelig machen, erst recht, wenn man wie wir im sprichwörtlichen „Badisch-Sibirien“ wohnt, wo es immer etwas kälter ist als ringsum.

Um auch Ihre gute Stube weihnachtsfit zu machen, habe ich viele bunte, edle oder fröhliche Motive entworfen, mit denen Sie Fenster und Wände dekorieren können, und auch kleine Ideen für Karten und Kerzen sind dabei. Ein schönes Fensterbild erfreut eben immer, auch wenn es keine sibirische Kälte gibt ...

Viel Spaß beim Basteln und Dekorieren!

Christiane Steffan

Silber Santa

mit passenden Bäumchen

MOTIVHÖHE
Santa ca. 40 cm
Bäume ca. 17–19 cm

MATERIAL

SANTA

* Prägekarton mit Ranken in Silber, A3
* Musterkarton mit Sternen in Weiß-Silber, A4
* Fotokartonreste in Weiß, Hautfarbe, Rot, Grün und Schwarz
* Pompon in Weiß, ø 2 cm
* 2 Pompons in Rot, ø 7 mm
* Organzaband in Pink, 7 mm breit, 2 x 20 cm lang

JE BAUM

* Prägekarton mit Ranken in Silber, A4
* Pompon in Weiß, ø 2 cm
* Wattekugel, ø 4 cm
* Acrylfarbe in Silber
* Pinsel
* Schaschlikstäbchen

VORLAGEN
Bogen 1A

Santa

1 Alle Einzelteile nach der allgemeinen Anleitung zuschneiden. Die Hände und Arme werden zweimal benötigt, je einmal seitenverkehrt. Das Gesicht und die Nase mit rotem Buntstift schattieren und die Augen mit einem schwarzen Filzstift aufmalen. Den Kopf mit dem Bartteil und dem Schnurrbart bekleben und darüber die Nase mit Klebepads anbringen.

2 Das silberne Körper-Mützenteil mit der Krempe aus Sternenkarton bekleben und darüber den Kopf fixieren. Die Mützenkrempe aus Sternenkarton ergänzen und zwei Ilexblätter sowie die roten Pompons festkleben. Auf der Spitze den weißen Pompon befestigen. Die Ärmel mit den Sternenkrempen bekleben, darunter die Hände fixieren und die Arme beidseitig am Körper ankleben.

3 Nun knoten Sie eines der pinkfarbenen Bänder zu einer Schleife und kleben es auf das rote, mit weißen Lackmalstift-Herzen bemalte Geschenk. Das zweite Band zu einer Schlaufe kleben und das Ende hinter dem roten Geschenk fixieren. Das Geschenk nun auf dem Körper anbringen, die Bandschlaufe durch das Loch in der Hand führen und hinten evtl. festkleben.

Silberbäumchen

1 Von der Wattekugel (Seite gegenüber dem Loch) mit dem Cutter ein Stück abschneiden, sodass man sie gerade hinstellen kann. Sie können nun die Wattekugel sowie das Schaschlikstäbchen silberfarben anmalen und trocknen lassen.

2 In der Zwischenzeit die fünf Kartonteile zuschneiden. Die Rundungen schneiden Sie am besten mit einer Nagelschere. Die Kartonteile in den Fingern etwas rund biegen und die nach Vorlage eingezeichneten Klebeflächen mit Klebstoff bestreichen und zum Kreis kleben. Das Schaschlikstäbchen, Spitze nach oben, mit Heißkleber in das Wattekugelloch kleben und aufstellen (evtl. noch einmal nachschneiden, falls es krumm steht).

3 Die Stäbchenspitze durch die Spitze des größten, untersten Kreises drücken und von unten Heißkleber einfüllen und trocknen lassen. Genauso mit etwas Abstand (ca. 1,5 cm) die beiden nächsten mittleren Kreise aufstecken und festkleben. Die Lagen sollten schön waagerecht sein und sich überlappen. Zuletzt den vorletzten Kreis sowie die Spitze anbringen, die Stäbchenspitze mit der Schere kürzen und darauf den Pompon fixieren.

Shopping-Mieze mit Mäuschen

auf weihnachtlicher Schnäppchenjagd

MOTIVHÖHE
ca. 18 und 41 cm

MATERIAL
* Fotokarton in Weiß und Grün, A4
* Fotokartonreste in Orange, Rot, Hellgrün, Lila und Blau
* Prägekartonrest mit Ranken in Gold
* Musterkartonrest in Rot mit Sternen
* Goldfaden, ø 0,5 mm, 6 cm und 15 cm lang
* Satinkordel in Weiß, ø 2,5 mm, 10 cm lang
* Papierdraht in Rot, ø 2 mm, 6 cm und 10 cm lang
* Lackmalstift in Gold

VORLAGEN
Bogen 1A

1 Alle Einzelteile für Katze und Maus zuschneiden. Die weißen Körperteile der Katze mit hellbraunem Buntstift schattieren und die Fellmaserungen mit Ocker und Braun auftragen. Auf dem Kopf mit schwarzem Filzstift Auge, Braue und Schnurrhaare auftragen (siehe auch Grundanleitung „Muster übertragen") und das Ohr einschneiden. Die Mütze von hinten mit dem orangefarbenen Bommel bekleben, zwischen Kopf und Ohr schieben und festkleben.

2 Den Arm nur im oberen Bereich auf das Kleid kleben und darüber den Schal fixieren. Das zweite Schalteil ergänzen Sie nun von hinten. Hinter das lilafarbene Paket die weiß gepunktete Schleife kleben, obendrauf die Hand ergänzen und das Paket hinter dem Kleid befestigen. Ebenfalls unter dem Kleid nach Vorlage die Beine sowie den Schwanz festkleben.

3 Auf die weiße Shoppingtüte das Motiv übertragen und dieses mit rotem und grünem Filzstift ausmalen. Die beiden Ilexblätter ergänzen und von hinten die Satinkordel mit Heißkleber als Henkel festkleben. Den langen Goldfaden ebenso als Henkel hinter die goldene Tasche und den langen roten Papierdraht hinter die Sternentasche kleben. Alle drei Taschen, wie in der Abbildung zu sehen, über den Arm schieben und alles mit Klebepads auf dem Kleid befestigen. Die orangefarbene, mit einem Stern bemalte Tasche ebenso mit einem Henkel versehen, auf den Katzenschwanz hängen und dahinter festkleben.

4 Die Maus mit dunkelblauem, rotem und schwarzem Buntstift gestalten. Das grüne Paket mit Kringeln bemalen und die goldene Schleife dahinterkleben. Das Paket hinter dem Kopf platzieren und den Arm hinter Körper und Paket ergänzen.

5 Die rote Tasche mit dem Lackmalstift bemalen, einen Henkel aus Goldfaden ankleben und die Tasche so hinter den vorderen Arm kleben, dass der Faden über der Schulter entlang führt. Das fertige Arm-Taschenteil auf dem Körper befestigen. Zuletzt wickeln Sie den Kartonstreifen über einen Stift, ziehen ihn wieder ab und kleben ihn als Schwänzchen an.

Mein Tipp für Sie

Varianten möglich Sie können die Maus natürlich auch in klassischem Grau basteln. Auch an die angegebenen Bänder und Kordeln müssen Sie sich nicht sklavisch halten. Nehmen Sie einfach das, was Sie farblich passend in Ihrem Fundus finden.

Drollige Babuschka

winterlich geschmückt

MOTIVHÖHE
ca. 37 cm

MATERIAL
- Fotokarton in Dunkelpink-Bordeauxrot, A3
- Fotokarton in Hellblau, A4
- Fotokartonreste in Grün- und Dunkelgrün, Hautfarbe, Braun, Dunkelblau und Rosa
- 6 Strasssteine in Hellblau, ø 6 mm
- 2 Pompons in Rot, ø 7 mm
- Glitterstift in Grün

VORLAGEN
Bogen 1B

1 Alle Einzelteile ausschneiden. Die drei grünen Blätter sowie den hellblauen Kreis nach Vorlage mit je einem Glitterstiftkringel bemalen und gut trocknen lassen.

2 Den Kopf mit Filzstiften in Rot und Schwarz bemalen. Die Wangen gestalten Sie mit rosa Buntstiftabrieb und umranden sie rundum mit pinkfarbenen Filzstiftstrichen. Den Kopf mit den Haaren bekleben und auf dem dunkelblauen Kopftuch fixieren. Darauf die Schleife und den Knoten (Klebepad) anbringen.

3 Den Körper bemalen Sie nun nach Vorlage mit einem weißen Lackmalstiftmuster und ergänzen das dunkelgrüne Wellen-Kartonteil. Über jeder Welle einen Strassstein platzieren.

4 Die Rose nach Vorlage einschneiden, gemäß der Abbildung bemalen und mittig darunter den dunkleren Kartonkreis befestigen. Ebenso die drei Blätter unter der Rose festkleben und diese auf dem hellblauen Kreis fixieren. Den nun fertigen Kreis mittig auf dem Körper platzieren und mit kurzen blauen Filzstiftstrichen umranden.

5 Zuletzt den Kopf auf der Babuschka festkleben und zwei Ilexblätter und zwei Pompons darüber ergänzen.

„Liebe Großmutter"

Die Babuschka gehört zur russischen Weihnacht wie Väterchen Frost, der russische Weihnachtsmann. Babuschka heißt „liebe Großmutter", sie wird aber auch Sneguroschka, „Schneefrau", genannt. Sie liebt und hilft allen Kindern, und sie soll auch schon Väterchen Frost beim Verteilen der Geschenke geholfen haben. Die bekannten russischen Holzpuppen, die man öffnen und inneinanderstapeln kann, nennt man übrigens Matrjoschka. Meine Babuschka habe ich also als Matrjoschka ausgearbeitet, und wenn man sie mehrmals kleiner kopiert und nachbastelt, kann man eine ganze Matrojschka-Familie am Fenster dekorieren.

Die Heilige Lucia

schaut keck durchs Fenster rein

1 Alle Kartonteile nach der allgemeinen Anleitung zuschneiden. Die Kerzen sowie die Transparentpapierkreise dreimal anfertigen. Die Hände werden zweimal benötigt, einmal seitenverkehrt.

2 Lucias Kopf, die Hände sowie die Nase mit hellbraunem Buntstift schattieren. Auf dem Kopf die Backen sowie den Mund mit rotem Buntstift gestalten. Die Augen mit schwarzem Filzstift aufmalen und die Nase aufkleben. Mit weißem Lackmalstift setzen Sie kleine Lichtpunkte.

3 Auf dem Kopf die orangefarben schattierten Haare befestigen und das Oberteil ergänzen. Den grünen Kranz mit dunkelgrünem Buntstift bemalen. Hinter die Kerzen jeweils einen Transparentpapierkreis kleben und den Docht mit Filzstift aufmalen. Die fertigen Kerzen nach Vorlage hinter den Kranz kleben und diesen mit Klebepads auf Lucias Kopf setzen.

4 Die beiden Schalteile aus Karokarton an den Enden mit je acht kleinen Kartonfransen bekleben und vor bzw. hinter dem Hals festkleben. Die Vorlage für das Herzmotiv mit Transparentpapier auf den roten Kreis übertragen (siehe Grundanleitung „Muster übertragen"), mit weißem Lackmalstift ausmalen und mit einer gestrichelten Linie umranden. Den fertigen Kreis auf dem Oberteil festkleben.

5 Die fertige Lucia können Sie nun mit doppelseitigem Klebeband oder Klebeknete am unteren Fensterrand anbringen und die Hände (Daumen nach innen) rechts und links ergänzen. Und schon blickt ein kleines, schwedisches Mädchen zu Ihrem Fenster herein.

„Schwedische Traditionsfigur"

Am 13. Dezember wird in Schweden das Luciafest gefeiert. Die Heilige Lucia, das heißt die „Leuchtende", war eine Märtyrerin, an die dieses Fest erinnern soll. Ein Mädchen, meist das älteste einer Familie, geht mit weißem Gewand und einer Lichterkrone geschmückt von Haus zu Haus und bringt allen singend ein Frühstück, bestehend aus Lussekotter, einem Safrangebäck. Sie besucht auch Schulen und Krankenhäuser und bringt überall hin Licht und Freude.

MOTIVHÖHE
ca. 38,5 cm

MATERIAL
* Fotokarton in Hautfarbe, Weiß, Grün und Gelb, A4
* Fotokartonrest in Rot
* Karokartonrest „Vintage" in Rot, A4
* starker Transparentpapierrest in Gelb

VORLAGEN
Bogen 1B

Stella Silberglanz

lässt Glöckchen klingen

MOTIVHÖHE
ca. 37 cm (ohne Draht)

MATERIAL
* Fotokartonreste in Weiß, Silber, Lila, Rosa und Hautfarbe
* Musterkartonrest mit Sternen in Lila-Blau-Grün
* Transparentpapierreste in Weiß mit Ranken sowie in Lila
* 2 Glöckchen in Flieder, ø 2 cm
* Organzaband in Hellgrün, 7 mm breit, 15 cm lang
* Silberdraht, ø 0,8 mm, 80 cm lang
* Schaschlikstäbchen

VORLAGEN
Bogen 2A

1 Alle Teile für das Motiv zuschneiden, die Hände werden zweimal benötigt. Alle hautfarbenen Teile mit hellbraunem Buntstiftabrieb schattieren. Stellas Kopf mit Mund, Augen und Backen bemalen und die rosa Kartonnase aufkleben. Das Organzaband um den Hals knoten, den Kopf auf dem Kleid fixieren und die Arme von hinten ergänzen. Auch das kleine silberne Haarteil auf dem Kopf ergänzen.

2 Unter dem weißen Kleid eine weitere Lage aus Sternenkarton festkleben. Darunter kommt die dritte Lage aus lilafarbenem Transparentpapier, unter der wiederum die beiden Beine fixiert werden. Auf dem Kleid fixieren Sie einen lilafarbenen Gürtel, der mit einem aus dem Musterkarton geschnittenen Stern geschmückt wird.

3 Das Flügelteil aus Ranken-Transparentpapier hinter die Arme und den Rücken kleben. Die silbernen, langen Haare hinter Kopf, Körper und Armen festkleben.

4 Den Silberdraht teilweise über einen Stift wickeln und wieder abziehen – so locken Sie ihn ganz einfach. An die Drahtenden jeweils eines der Glöckchen knoten. Den Draht so mit Heißkleber auf die Enden der Arme kleben, dass die Glöckchen unten heraushängen. Um die Klebestellen zu überdecken, die beiden kleinen Hände darüberkleben.

5 Aus dem Sternenkarton mit dem Cutter weitere Sterne ausschneiden und mit Heißkleber auf dem Draht befestigen. Sollten sich die Arme durch das Gewicht biegen, können Sie von hinten ein Stück eines Schaschlikstäbchens zur Stabilisierung ankleben. Nun ist der Engel fertig und kann Ihr Fenster, Ihre Wand oder Ihre Türe schmücken.

Mein Tipp für Sie

Kerzendeko Mit den ausgeschnittenen Sternen können schnell Kerzendekos gezaubert werden. Für die Stumpenkerze einen Kartonstreifen (5 mm x Umfang der Kerze) überlappend mit vielen Sternen bekleben und diesen mit den Fingern rund biegen. Das Band um die Kerze legen und die Enden übereinanderkleben. Das Teelicht wurde genauso gemacht, nur die unteren Spitzen wurden am Metalllineal entlang gerade abgeschnitten.

Arktisches Tänzchen

flotte Sohle auf dem Eis

1 Die Einzelteile für den Eisbär und die Pinguine nach der Grundanleitung zuschneiden. Die Pinguinbeine sind identisch und werden immer zweimal benötigt. Einer der Pinguine tanzt aus der Reihe und wird daher spiegelverkehrt zugeschnitten.

2 Den Eisbären mit hellblauem Buntstiftabrieb schattieren. Mund und Wangen mit rotem Buntstift, die Augen mit schwarzem Filzstift gestalten und die hellblaue Nase aufkleben. Für den Schal erst das untere Schalteile festkleben, darüber das zweite Schalteil ergänzen.

3 Die weißen Pinguinbäuche jeweils mit etwas gelbem Buntstift schattieren und auf die Körper kleben. Das Gesicht mit den gleichen Farben wie beim Eisbären gestalten, den orangefarben schattierten Schnabel mit einem Klebepad unter der Spitze aufkleben und die Beine ergänzen.

4 Das gemusterte Transparentpapier auf die Vorlage legen, fünfmal den Eiskristall abpausen und mit einer Silhouetten- oder Nagelschere ausschneiden. Nun den Eisbären und die Pinguine als Kette miteinander verbinden, indem Sie die Hände rechts und links auf die Schneesterne kleben.

5 Je nach Ihrer Fensterbreite können Sie die Fensterkette auch länger arbeiten. Dafür einfach einen Pinguin und Eiskristall mehr basteln und aneinanderkleben.

MOTIVHÖHE
ca. 20 cm

MATERIAL
* Fotokarton in Weiß, A3 (für alle 4 Figuren)
* Fotokartonreste in Hellblau, Blau, Rot, Grün und Gelb
* starkes Transparentpapier mit Eiskristallmuster, A4
* Motivkartonrest in Rot-Weiß gepunktet

VORLAGEN
Bogen 2A

Edler Naturlook

damit duftet es weihnachtlich

Kranz

1 Das Rentier aus beigefarbenem und den Ring aus braunem Fotokarton zuschneiden. Das Rentier mit hellbraunem Buntstift schattieren und das Auge mit Filzstift aufmalen. Für das Geweih und den Schwanz den Papierdraht auf die Vorlage legen, entsprechende Stücke abschneiden und mit der Zange Kringel formen. Die geformten Papierdrahtstücke hinter dem Rentier befestigen. Das Glöckchen mit dem Organzaband um den Hals binden und auf dem Knoten mit Heißkleber einen Sternanis fixieren.

2 Den trockenen Fichtenzapfen in der Mitte auseinanderbrechen und einzelne Schuppen mit der Hand oder einer Zange rüttelnd herausziehen. Die Schuppen sitzen sehr fest, daher ist das nicht ganz einfach! Auf der Rückseite der Schuppen evtl. abstehende Stacheln mit der Schere abschneiden. Die Zimtstangen über einer Tischkante in kleine Stücke brechen.

3 Den braunen Kartonring abwechselnd mit drei Fichtenschuppen, einem Sternanis und einem Zimtstangenstück bekleben (Heißkleber). Zuletzt das Rentier mit Beinen und Nase auf den Kranz kleben und diesen mit einem Baststück aufhängen.

Adventslichter

1 Alle Kartonteile nach Vorlage zuschneiden. Die beiden Kränze sind aus braunem Fotokarton und werden jeweils rundum mit Fichtenschuppen (siehe Kranz oben) bzw. Sternanis beklebt. Obendrauf mit Heißkleber die Zahlen fixieren.

2 Die Orange mit rotem Buntstift schattieren und die Zahl mit Transparentpapier darauf übertragen. Von allen Nelken mit der Schere die Stängel abschneiden und die Nelkenköpfe mit Heißkleber als Zahl auf die Kartonorange kleben.

3 Das beigefarbene Herz mit Hellbraun schattieren und die Zahl aus kleinen Zimtstangenstücken aufkleben. Die fertigen Zahlen mit Heißkleber auf die mit Kerzen gefüllten Windlichtgläser kleben und, wie beim Adventskranz, an jedem Sonntag ein Lichtlein mehr anzünden.

Mein Tipp für Sie

Weihnachtsgewürze einkaufen Sternanis, Zimtstangen und Nelken kaufen Sie am besten am Gewürzstand auf Ihrem Weihnachtsmarkt. Dort gibt es meist größere und preiswertere Packungen als im Supermarkt.

MOTIVHÖHE
Kranz ca. 28 cm

MATERIAL

KRANZ

* Fotokarton in Beige und Dunkelbraun, A3
* Papierdraht in Natur, ø 2 mm, 80 cm lang
* Organzaband in Rot, 7 mm, 20 cm
* Goldglöckchen, ø 1,5 cm
* Naturmaterial: Sternanis, Zimtstangen, getrocknete Fichtenzapfen
* Baststück in Natur
* Zange

ADVENTSLICHTER

* Fotokartonreste in Beige, Orange und Dunkelbraun
* 4 Windlichtgläser, z. B. 11 cm hoch, ø 8 cm
* Naturmaterial: Sternanis, Zimtstangen, getrocknete Fichtenzapfen, ganze Nelken
* Zange

VORLAGEN
Bogen 2A+2B

Schicker Schlittschuh

reich bestückt und glitzernd

MOTIVHÖHE
ca. 38 cm

MATERIAL

* Fotokarton in Pastellblau und Silber, A4
* Fotokartonreste in Hell- und Dunkelgrün, Flieder und Hell- und Mittelblau
* Prägekartonrest mit Eiskristallmuster in Weiß
* Organzaband in Weiß, 3 mm breit, 60 cm lang
* 2 Kristallperlen in Klar, ø 1 cm
* Silberfaden, ø 1 mm, 25 cm lang
* 3 Acrylhalbperlen in Klar gefrostet, ø 6 mm
* Glitter in Türkis
* Glitterkleber
* Perlenaufreihnadel
* Schaschlikstäbchen

VORLAGEN
Bogen 2B

1 Alle Teile nach der allgemeinen Anleitung zuschneiden. Den pastellblauen Stiefel mit blauem Buntstift schattieren, mit der Lochzange lochen und das weiße Muster mit einem Lackmalstift auftragen. Die Punkte und Streifen auf dem Stiefel und dem Herz mit Glitterkleber auftragen, mit Glitter bestreuen (siehe Grundanleitung „Mit Glitter verzieren") und trocknen lassen. Das Schaschlikstäbchen auf 6 cm kürzen und mit einem weißen Lackmalstift anmalen.

2 Die silbernen Kufen unter dem Stiefel anbringen und obendrauf die weiße Krempe aus Prägekarton befestigen. Das Organzaband bis zur Mitte durch das unterste Loch ziehen, die beiden Bandenden auf dem Stiefelrücken überkreuzen und durch das nächste Loch führen. So bis zum obersten Loch fortfahren und dort die Bänder miteinander verknoten. Die Kristallperlen mit der Perlenaufreihnadel auf die Bandenden ziehen und einen Knoten binden.

3 Den mittelblauen Pinguin mit dem weißen Kopf bekleben und bemalen. Den Kopf unter der Krempe befestigen und darüber die Nase fixieren, von hinten den Schal ergänzen. Den Mistelzweig mit den Halbperlen bekleben und unter der Krempe fixieren. Das hellblaue Paket mit lilafarbenen Stiften bemalen, die Schleife aufkleben und das Paket hinter die Krempe kleben. Das weiß gepunktete Paket ebenso mit einer Schleife verzieren und festkleben. Das Glitterherz an das Stäbchen kleben und dieses hinter der Krempe fixieren. Den Tannenzweig bemalen und als letztes Teil hinter dem Pinguin und den Paketen festkleben.

4 Den kleinen Eiskristall auf die Christbaumkugel kleben, die silberne Halterung ergänzen und die Kugel auf dem Stiefel fixieren. Den Silberfaden legen Sie nun zur Schlaufe und kleben die Enden hinter die Kugel. Die Pinguinhände nach Abbildung auf die Krempe kleben und dabei die silberne Schlaufe mit festkleben.

Meine Tipps für Sie

Variante basteln Der kleine Pinguin ist aus Rebenkugeln gebastelt. Hierfür an einer ca. 7 cm großen Rebenkugel eine Stelle suchen, auf der sie gut stehen kann (evtl. Kartonstück darunterkleben) und schräg gegenüber eine kleine Kugel (ø 4 cm) mit Nylonfaden anbinden. Alle Kartonteile zuschneiden und bemalen. Den Bauch einschneiden, leicht übereinanderschieben und zusammenkleben. Die Arme hinter den Bauch kleben und diesen auf der großen Rebenkugel fixieren, darüber den Kopf festkleben.

Wer keine Perlenaufreihnadel besitzt, knotet einen dünnen Faden auf das Organzabandende. Den Faden dann durch die Perle stecken und das Band daran mit durchziehen.

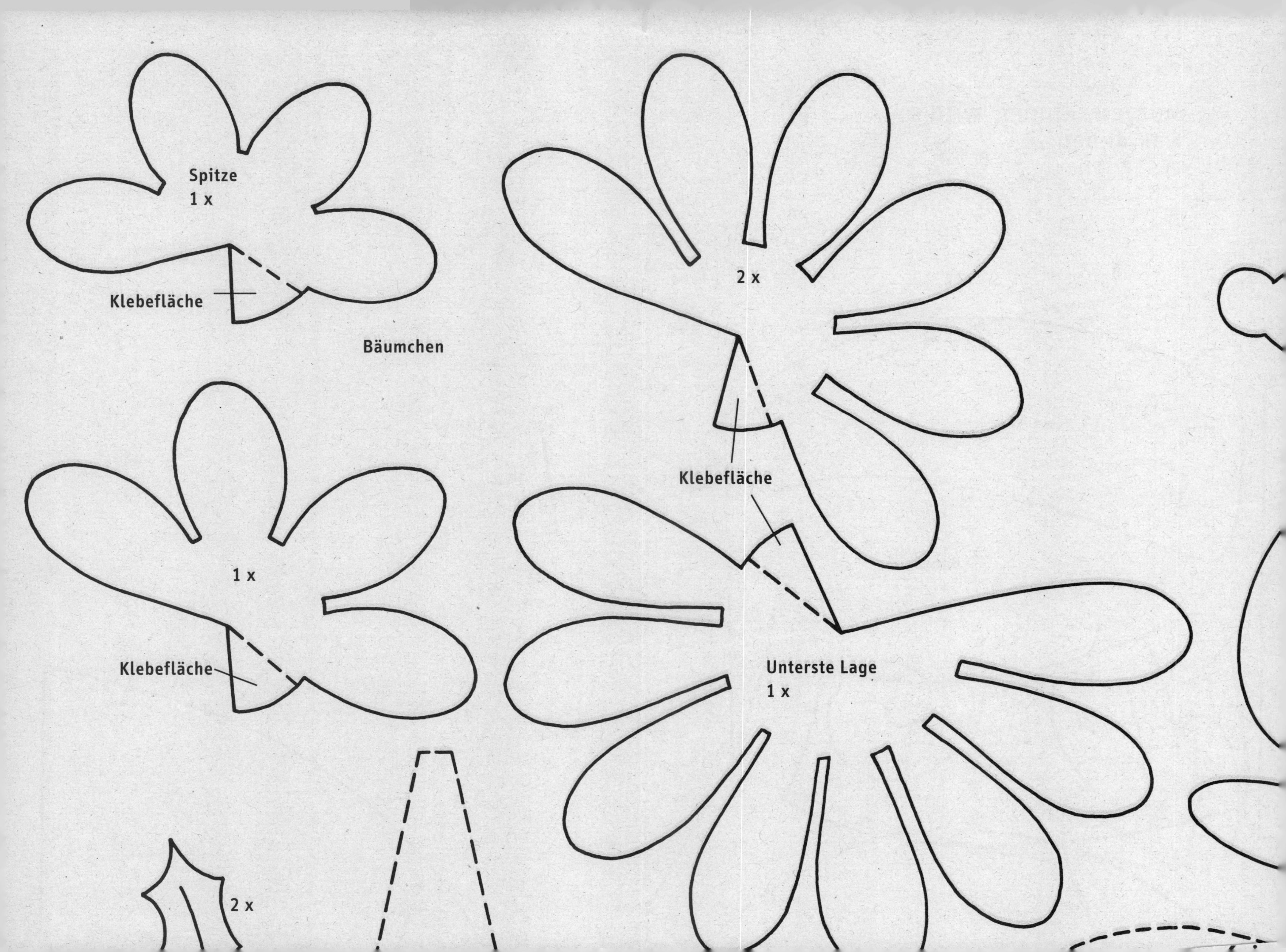
Spitze
1 x
Klebefläche
Bäumchen
1 x
Klebefläche
2 x
2 x
Klebefläche
Unterste Lage
1 x

Morgen, Kinder, wird's was geben …

SEITE 28

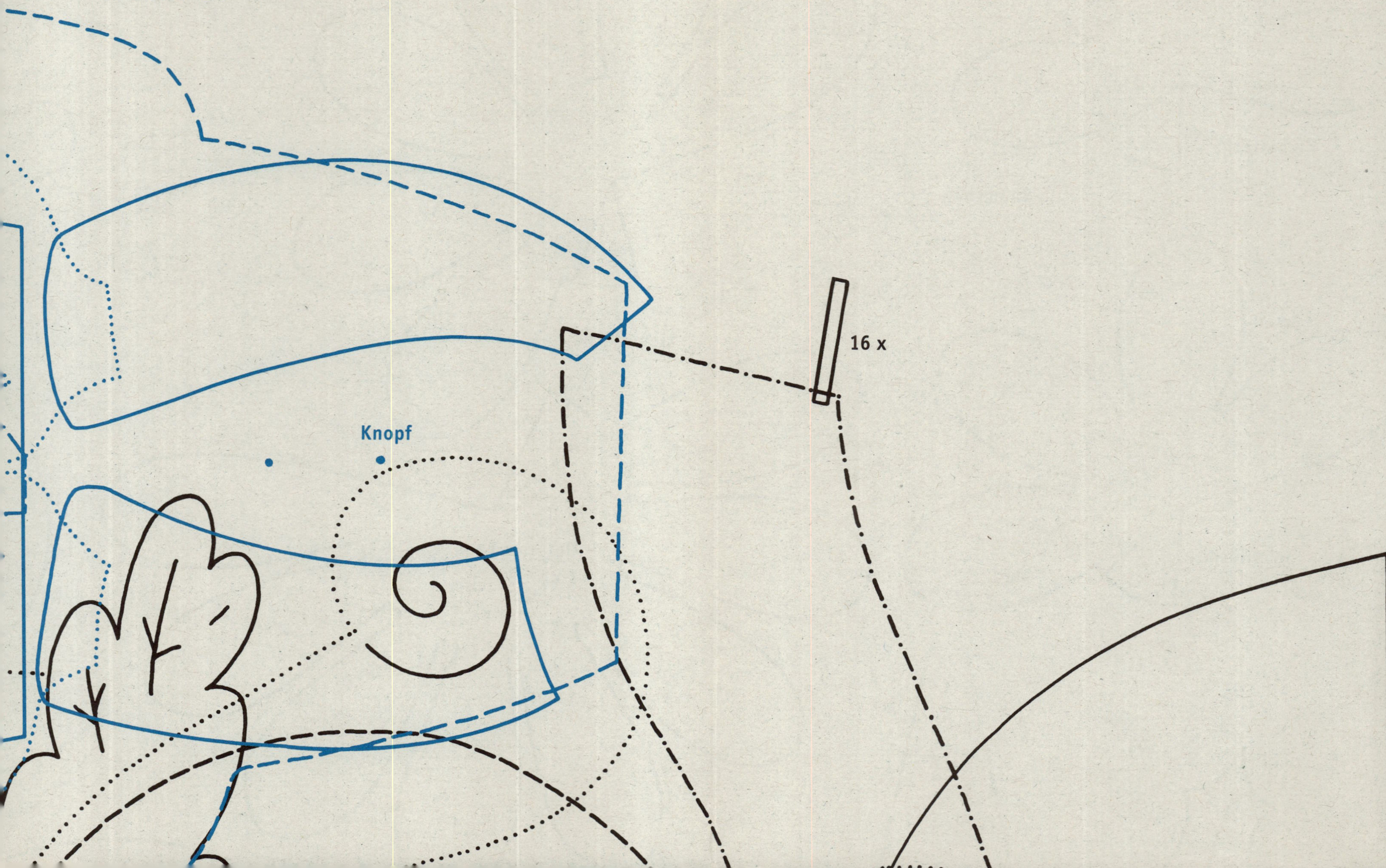

Silber Santa

SEITE 3

2 x

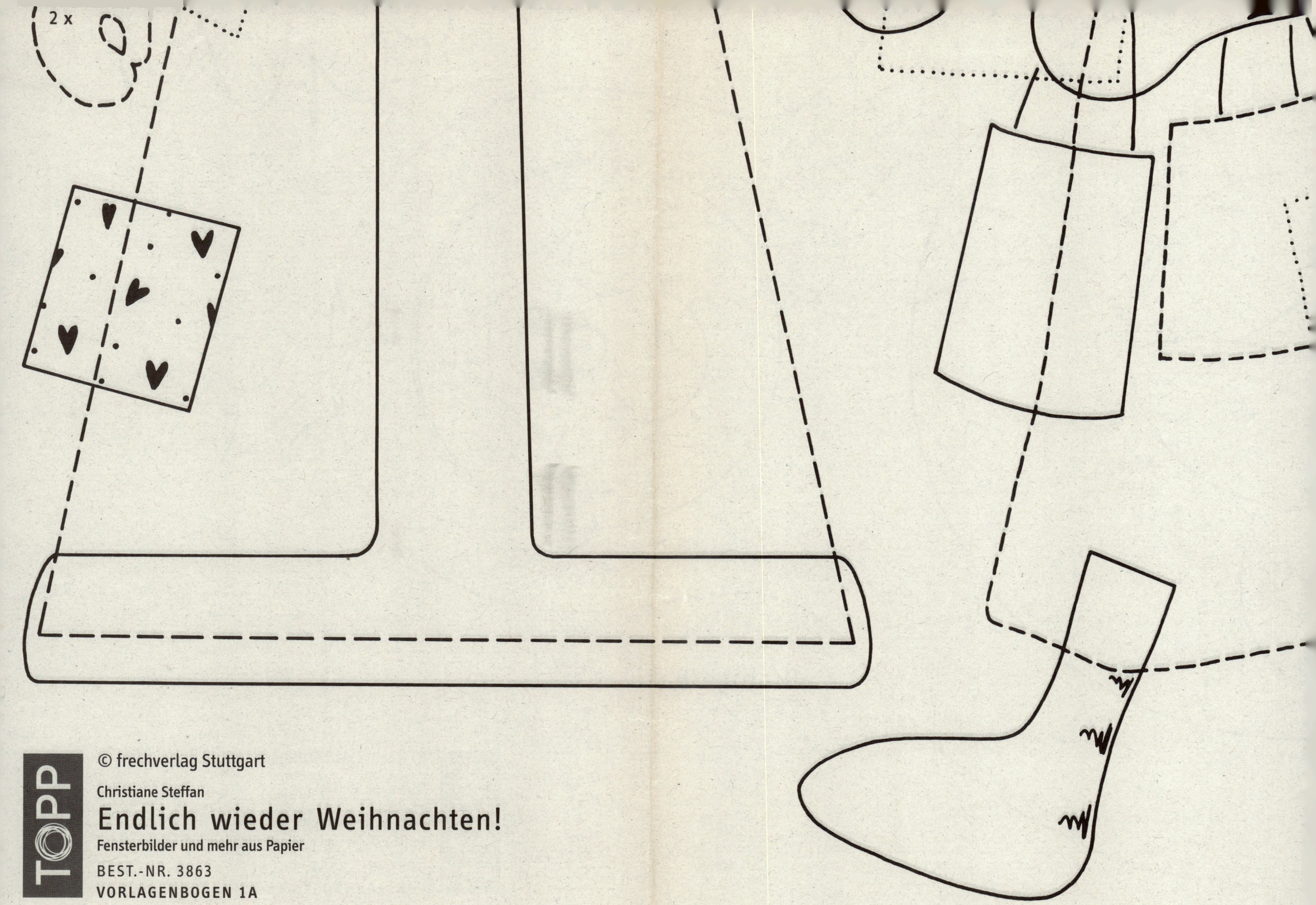

Christiane Steffan

Endlich wieder Weihnachten!

Fensterbilder und mehr aus Papier

BEST.-NR. 3863
VORLAGENBOGEN 1A

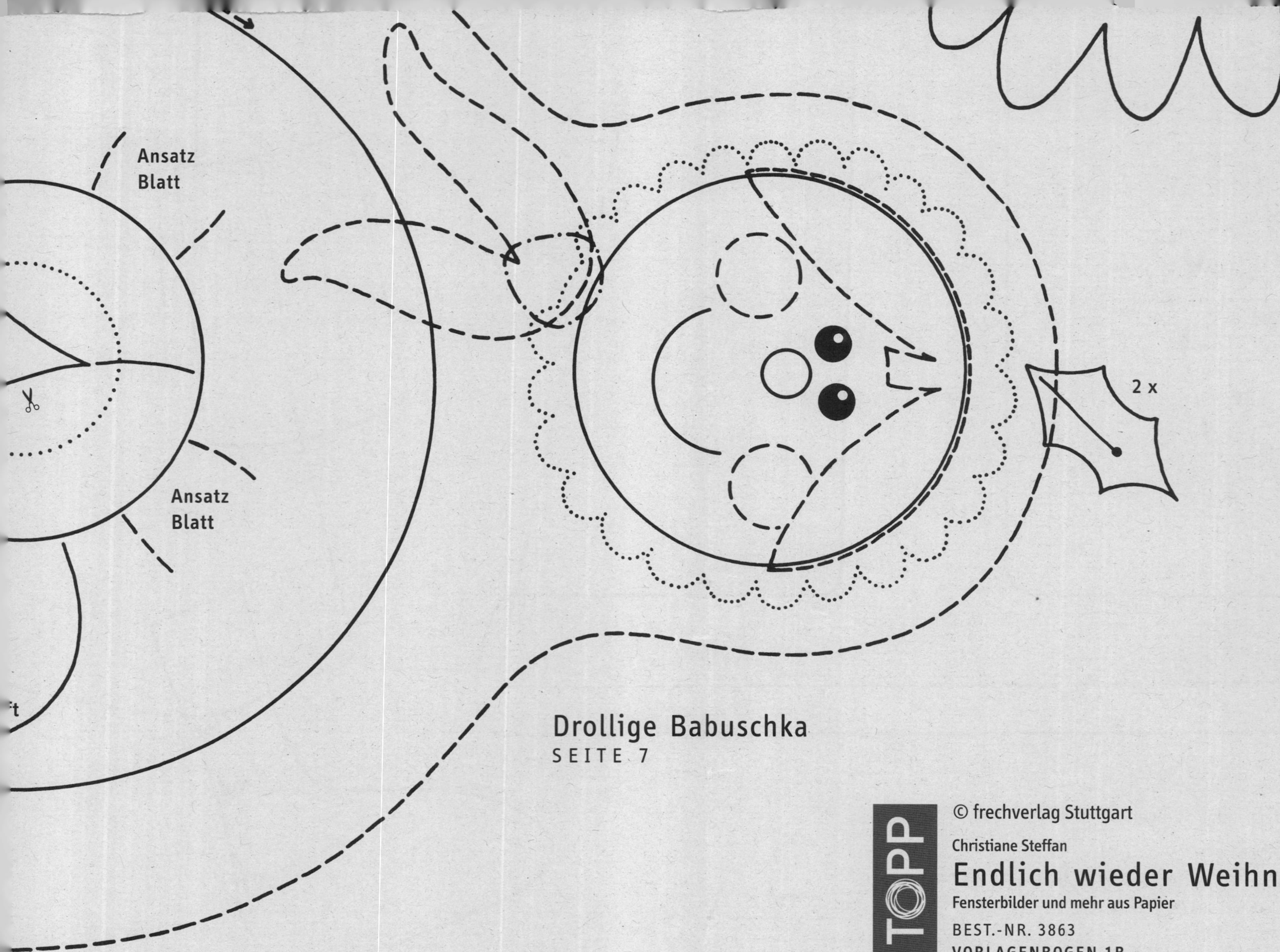

Drollige Babuschka

SEITE 7

TOPP
Christiane Steffan
Endlich wieder Weihnachten!
Fensterbilder und mehr aus Papier
BEST.-NR. 3863
VORLAGENBOGEN 1B

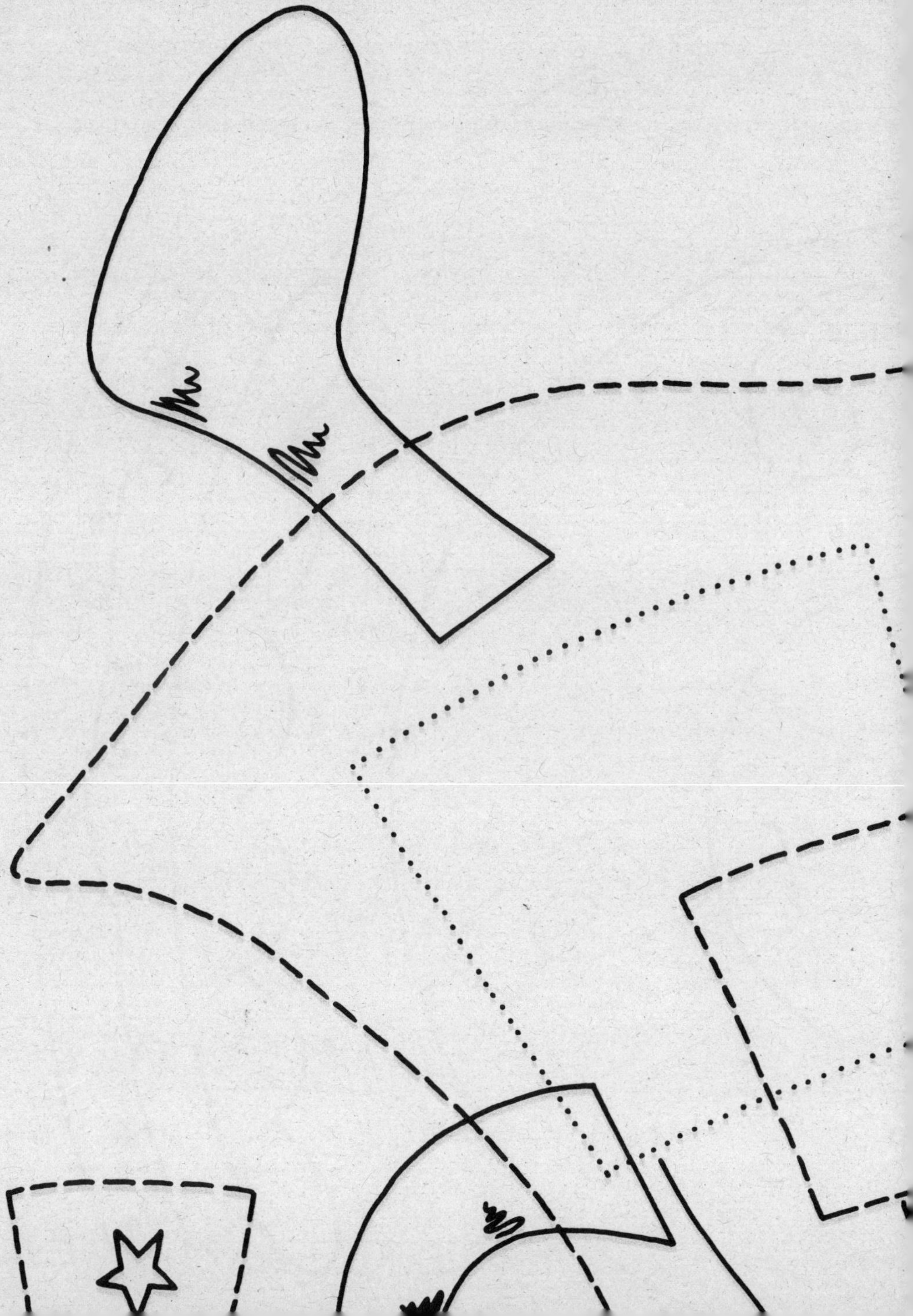

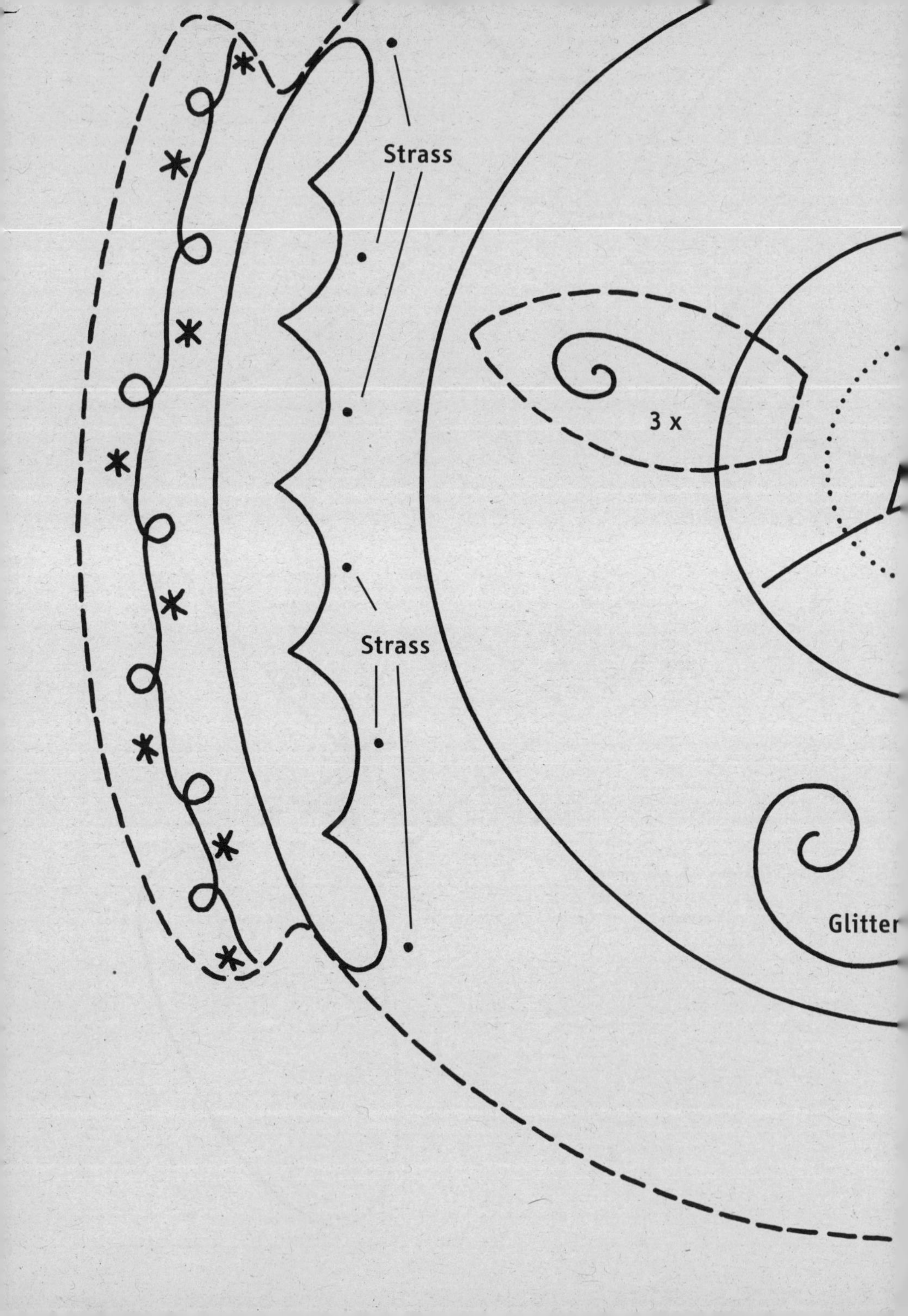
Strass
3 x
Strass
Glitter

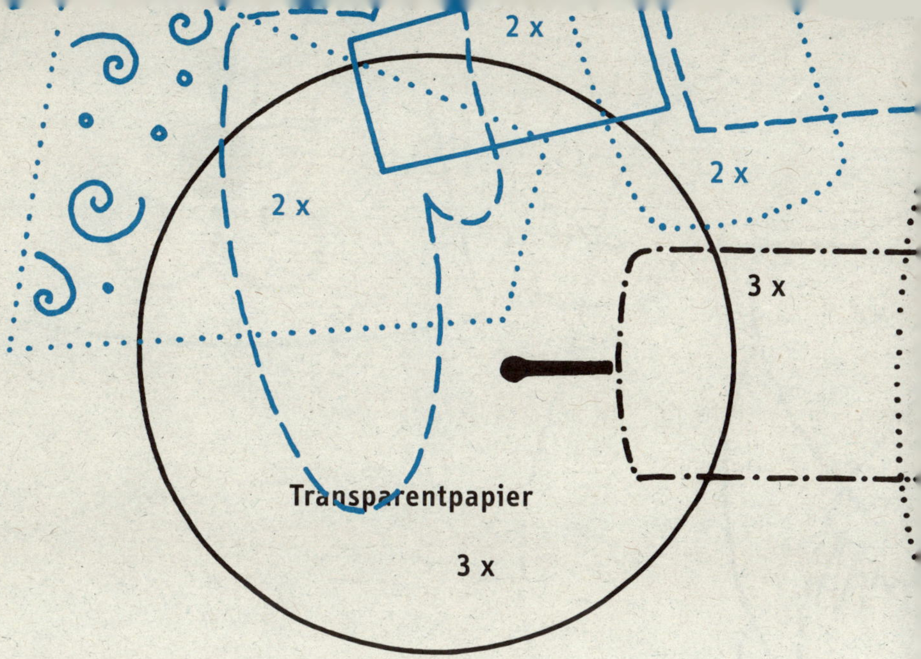

Die Heilige Lucia

SEITE 8

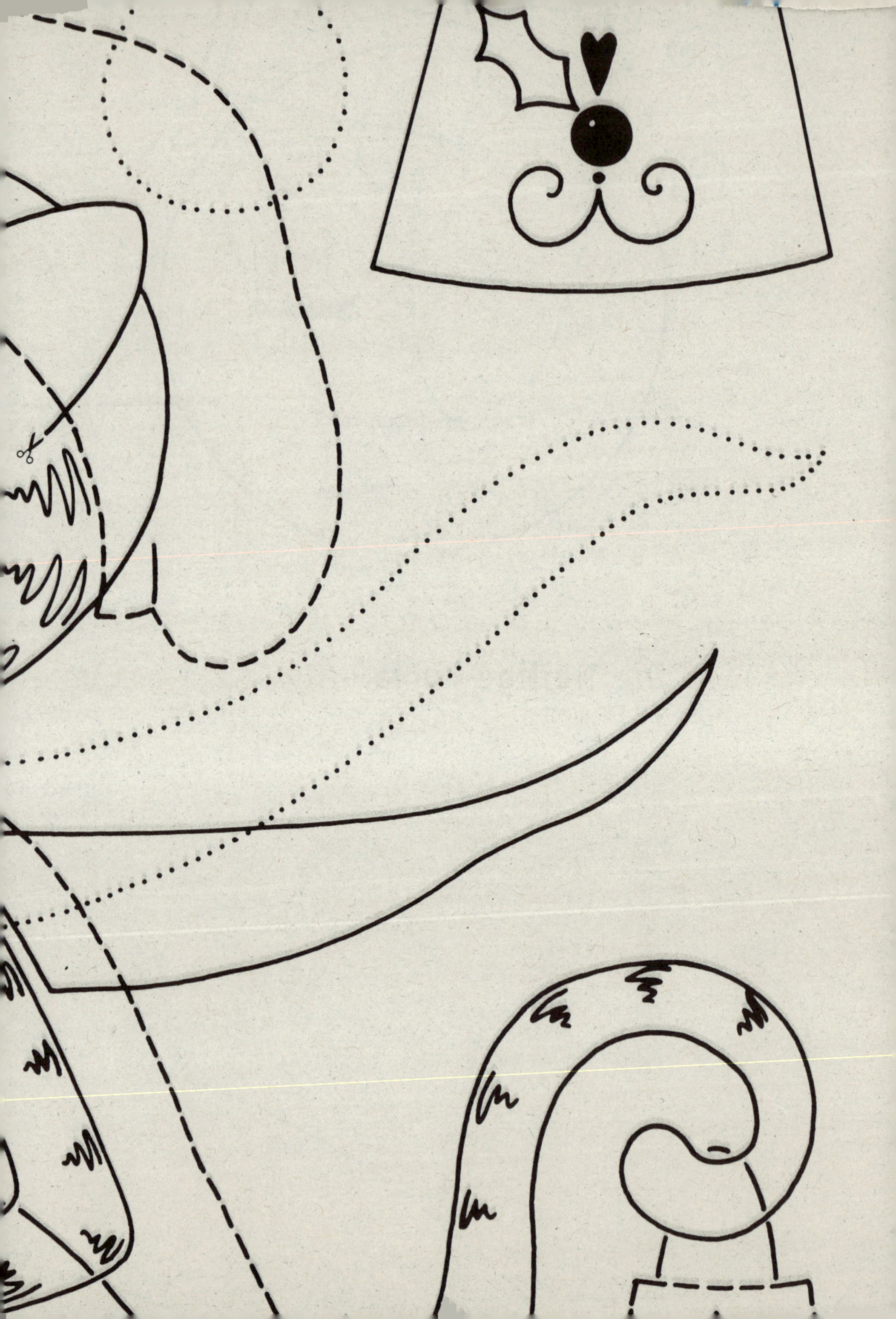

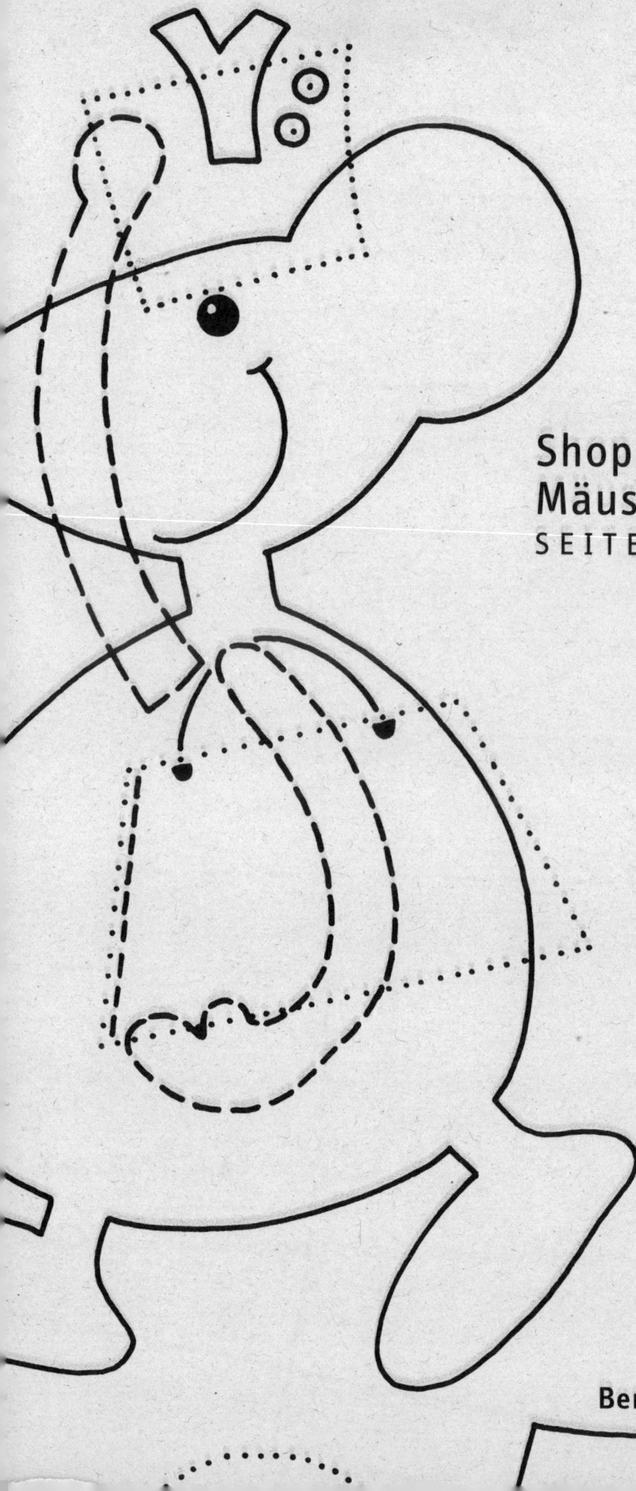

Shopping-Mieze mit Mäuschen
SEITE 5

Bemalung Tasche

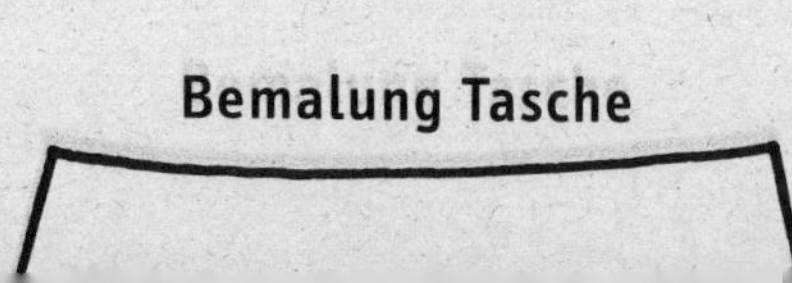

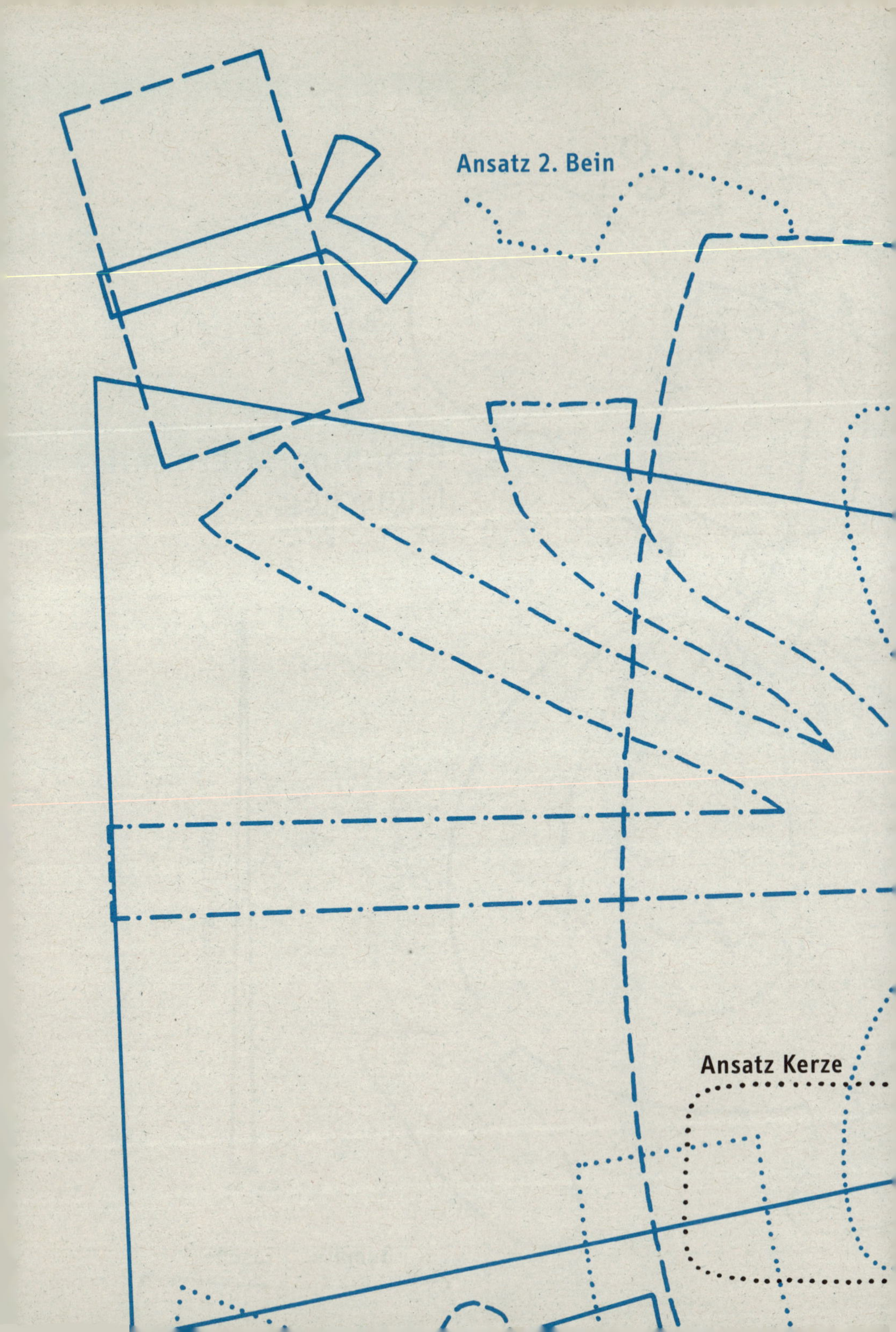
Ansatz 2. Bein
Ansatz Kerze

Schicker Schlittschuh

reich bestückt und glitzernd

MOTIVHÖHE
ca. 38 cm

MATERIAL

* Fotokarton in Pastellblau und Silber, A4
* Fotokartonreste in Hell- und Dunkelgrün, Flieder und Hell- und Mittelblau
* Prägekartonrest mit Eiskristallmuster in Weiß
* Organzaband in Weiß, 3 mm breit, 60 cm lang
* 2 Kristallperlen in Klar, ø 1 cm
* Silberfaden, ø 1 mm, 25 cm lang
* 3 Acrylhalbperlen in Klar gefrostet, ø 6 mm
* Glitter in Türkis
* Glitterkleber
* Perlenaufreihnadel
* Schaschlikstäbchen

VORLAGEN
Bogen 2B

1 Alle Teile nach der allgemeinen Anleitung zuschneiden. Den pastellblauen Stiefel mit blauem Buntstift schattieren, mit der Lochzange lochen und das weiße Muster mit einem Lackmalstift auftragen. Die Punkte und Streifen auf dem Stiefel und dem Herz mit Glitterkleber auftragen, mit Glitter bestreuen (siehe Grundanleitung „Mit Glitter verzieren") und trocknen lassen. Das Schaschlikstäbchen auf 6 cm kürzen und mit einem weißen Lackmalstift anmalen.

2 Die silbernen Kufen unter dem Stiefel anbringen und obendrauf die weiße Krempe aus Prägekarton befestigen. Das Organzaband bis zur Mitte durch das unterste Loch ziehen, die beiden Bandenden auf dem Stiefelrücken überkreuzen und durch das nächste Loch führen. So bis zum obersten Loch fortfahren und dort die Bänder miteinander verknoten. Die Kristallperlen mit der Perlenaufreihnadel auf die Bandenden ziehen und einen Knoten binden.

3 Den mittelblauen Pinguin mit dem weißen Kopf bekleben und bemalen. Den Kopf unter der Krempe befestigen und darüber die Nase fixieren, von hinten den Schal ergänzen. Den Mistelzweig mit den Halbperlen bekleben und unter der Krempe fixieren. Das hellblaue Paket mit lilafarbenen Stiften bemalen, die Schleife aufkleben und das Paket hinter die Krempe kleben. Das weiß gepunktete Paket ebenso mit einer Schleife verzieren und festkleben. Das Glitterherz an das Stäbchen kleben und dieses hinter der Krempe fixieren. Den Tannenzweig bemalen und als letztes Teil hinter dem Pinguin und den Paketen festkleben.

4 Den kleinen Eiskristall auf die Christbaumkugel kleben, die silberne Halterung ergänzen und die Kugel auf dem Stiefel fixieren. Den Silberfaden legen Sie nun zur Schlaufe und kleben die Enden hinter die Kugel. Die Pinguinhände nach Abbildung auf die Krempe kleben und dabei die silberne Schlaufe mit festkleben.

Meine Tipps für Sie

Variante basteln Der kleine Pinguin ist aus Rebenkugeln gebastelt. Hierfür an einer ca. 7 cm großen Rebenkugel eine Stelle suchen, auf der sie gut stehen kann (evtl. Kartonstück darunterkleben) und schräg gegenüber eine kleine Kugel (ø 4 cm) mit Nylonfaden anbinden. Alle Kartonteile zuschneiden und bemalen. Den Bauch einschneiden, leicht übereinanderschieben und zusammenkleben. Die Arme hinter den Bauch kleben und diesen auf der großen Rebenkugel fixieren, darüber den Kopf festkleben.

Wer keine Perlenaufreihnadel besitzt, knotet einen dünnen Faden auf das Organzabandende. Den Faden dann durch die Perle stecken und das Band daran mit durchziehen.

Edler Naturlook

damit duftet es weihnachtlich

Kranz

1 Das Rentier aus beigefarbenem und den Ring aus braunem Fotokarton zuschneiden. Das Rentier mit hellbraunem Buntstift schattieren und das Auge mit Filzstift aufmalen. Für das Geweih und den Schwanz den Papierdraht auf die Vorlage legen, entsprechende Stücke abschneiden und mit der Zange Kringel formen. Die geformten Papierdrahtstücke hinter dem Rentier befestigen. Das Glöckchen mit dem Organzaband um den Hals binden und auf dem Knoten mit Heißkleber einen Sternanis fixieren.

2 Den trockenen Fichtenzapfen in der Mitte auseinanderbrechen und einzelne Schuppen mit der Hand oder einer Zange rüttelnd herausziehen. Die Schuppen sitzen sehr fest, daher ist das nicht ganz einfach! Auf der Rückseite der Schuppen evtl. abstehende Stacheln mit der Schere abschneiden. Die Zimtstangen über einer Tischkante in kleine Stücke brechen.

3 Den braunen Kartonring abwechselnd mit drei Fichtenschuppen, einem Sternanis und einem Zimtstangenstück bekleben (Heißkleber). Zuletzt das Rentier mit Beinen und Nase auf den Kranz kleben und diesen mit einem Baststück aufhängen.

Adventslichter

1 Alle Kartonteile nach Vorlage zuschneiden. Die beiden Kränze sind aus braunem Fotokarton und werden jeweils rundum mit Fichtenschuppen (siehe Kranz oben) bzw. Sternanis beklebt. Obendrauf mit Heißkleber die Zahlen fixieren.

2 Die Orange mit rotem Buntstift schattieren und die Zahl mit Transparentpapier darauf übertragen. Von allen Nelken mit der Schere die Stängel abschneiden und die Nelkenköpfe mit Heißkleber als Zahl auf die Kartonorange kleben.

3 Das beigefarbene Herz mit Hellbraun schattieren und die Zahl aus kleinen Zimtstangenstücken aufkleben. Die fertigen Zahlen mit Heißkleber auf die mit Kerzen gefüllten Windlichtgläser kleben und, wie beim Adventskranz, an jedem Sonntag ein Lichtlein mehr anzünden.

Mein Tipp für Sie

Weihnachtsgewürze einkaufen Sternanis, Zimtstangen und Nelken kaufen Sie am besten am Gewürzstand auf Ihrem Weihnachtsmarkt. Dort gibt es meist größere und preiswertere Packungen als im Supermarkt.

MOTIVHÖHE
Kranz ca. 28 cm

MATERIAL

KRANZ
* Fotokarton in Beige und Dunkelbraun, A3
* Papierdraht in Natur, ø 2 mm, 80 cm lang
* Organzaband in Rot, 7 mm, 20 cm
* Goldglöckchen, ø 1,5 cm
* Naturmaterial: Sternanis, Zimtstangen, getrocknete Fichtenzapfen
* Baststück in Natur
* Zange

ADVENTSLICHTER
* Fotokartonreste in Beige, Orange und Dunkelbraun
* 4 Windlichtgläser, z. B. 11 cm hoch, ø 8 cm
* Naturmaterial: Sternanis, Zimtstangen, getrocknete Fichtenzapfen, ganze Nelken
* Zange

VORLAGEN
Bogen 2A+2B

Heilige Drei Könige

haben ihr fernes Ziel erreicht

1 Alle Motivteile mit Transparentpapier auf den jeweiligen Karton übertragen, mit dem Cutter oder der Schere ausschneiden und wie abgebildet mit Buntstiften schattieren. Die beigefarbenen Sandflächen werden zusätzlich mit hellbraunen Buntstift-Punkten versehen.

2 Auf die Gewänder der drei Könige mit Transparentpapier die Musterzeichnungen übertragen (siehe Grundanleitung „Muster übertragen") und diese mit dunkleren Filzstiften ausmalen. Die goldenen Punkte mit einem Gel- oder Lackmalstift auftragen.

3 Auf die Gewänder jeweils den mit Bunt- und Filzstiften gestalteten Kopf kleben und darüber die Kopfbedeckungen anbringen. Die Kopfbedeckung des mittleren Königs ist einteilig, die der beiden äußeren Könige besteht jeweils aus zwei Einzelteilen, die vor dem Fixieren zusammengeklebt werden.

4 Die Gefäße mit Bunt- bzw. Filzstiften bemalen und unter den Gewändern anbringen. Auf den beiden goldenen Gefäßen jeweils noch einen Strassstein fixieren. Nun können die Könige nach Vorlage hinter der länglichen Sandfläche festgeklebt werden.

5 Den Palmenstamm mit braunen Kokosnüssen bemalen, die grünen Blätter darüberkleben und die fertige Palme hinter der großen Sandfläche platzieren. Das Haus mit dem Eingang versehen und das große Dachteil von vorne, das kleine Dachteil von hinten nach Vorlage ergänzen. Das Haus hinter die Sanddüne kleben und daneben den grünen Busch platzieren.

6 Nun kleben Sie das Sternen-Transparentpapier mit Klebestift hinter den Bethlehemstern. Zuletzt die beiden fertigen Sandflächen mit doppelseitigem Klebeband oder Klebeknete in den Ecken des Fensters platzieren und darüber den Bethlehemstern anbringen.

Mein Tipp für Sie

Variante möglich Auch ein einfaches gelbes Transparentpapier macht sich gut hinter dem Bethlehemstern, falls Sie keines mit Sternenhimmel zur Hand haben.

MOTIVHÖHE
ca. 31–33 cm

MATERIAL

* Fotokarton in Beige, 50 cm x 70 cm
* Fotokarton in Gelb, A4
* Fotokartonreste in Hellgrün, Grün, Weiß, Blau, Flieder, Lila, Rot, Hellbraun und Gold
* Transparentpapierrest in Blau mit Sternenhimmel
* Strassstein in Blau, ø 6 mm, und Flieder, ø 1,2 cm
* Lackmalstift in Gold

VORLAGEN
Bogen 3A+3B

Knusper, knusper, knäuschen ...

... wer wohnt im süßen Häuschen?

1 Alle Einzelteile für das Knusperhaus und den Bergrücken mit Transparentpapier auf den Karton übertragen und zuschneiden. Alle Teile für die Muffins zweimal zuschneiden, einmal davon seitenverkehrt. Alle Kartonteile mit den entsprechenden Buntstiften schattieren.

2 Das Lebkuchenherz mit einer Lackmalstiftspirale bemalen und weiße Kartonmandeln aufkleben. Den Stern mit rotem Karton unterkleben und, ebenso wie den Vogel und das zweite Plätzchen, mit Lackmalstift bemalen. Alle drei Teile auf das Haus kleben. Den weißen Vogel sowie das Dachteil ergänzen.

3 Die dunkelbraune Brezel auf weißen Karton kleben, auf dem Haus fixieren und darüber das Herz aufmalen. Die beiden Ilexblätter anbringen und einen rosafarbenen Pompon ergänzen. Das rosafarbene Dach befestigen und mit roten „Streuseln" bemalen. Die Zuckerstangenteile mit roten Filzstiftstreifen versehen und nach Vorlage unter Dach und Vordach festkleben. Das Silberglöckchen mit Draht an der Zuckerstange anbinden und auf der Rückseite mit Klebstoff sichern.

4 Die zweiteilige Stufe unter dem Haus festkleben und dieses auf dem Berg fixieren. Die Muffins aus Boden und Zuckerguss zusammensetzen und je eine Kirsche ergänzen. Zwei rosafarbene Kartonstreifen um einen Stift wickeln, wieder abziehen und jeweils hinter die Kirschen kleben.

5 Den Baum mit dem Stiel versehen. Für die Äste legen Sie den Papierdraht auf die Vorlage, schneiden entsprechende Stücke ab und formen mit der Zange kleine Kringel. Die geformten Papierdrahtstücke nun in der Mitte mit Heißkleber auf dem Baum festkleben, dabei mit dem obersten Drahtduo beginnen. Die Übergänge und Klebestellen mit Pompons überdecken. Den Baum hinter den Berg kleben und rechts und links die Muffins ergänzen.

6 Je nach Fensterbreite können beidseitig noch kleine Berge angeklebt werden, die Sie nach Belieben mit weiteren Vögeln oder Bäumen schmücken können.

Unser Tipp für Sie

Motiv abwandeln Mit den Lebkuchenmotiven kann man viele nette Kleinigkeiten dekorieren. Eine Karte habe ich mit einem weiteren kleinen Bäumchen verziert. Und das Herz macht sich gut auf einem süßen Mitbringsel. Dafür wird ein Zellophanbeutel (hier 9,5 cm x 16 cm) gefüllt, der Rand wird mehrmals umgeschlagen und zugetackert. Die rosafarbene Manschette wird mittig gefaltet und darübergeklebt. Zuletzt das Herz sowie ein kleines Namensschild ergänzen, fertig! Die Muster für Karte und Manschette finden Sie bei den Vorlagen.

MOTIVHÖHE
ca. 33 cm

MATERIAL
* Fotokarton in Weiß und Hellbraun, A3
* Fotokartonreste in Rot, Rosa und Dunkelbraun
* Papierdraht in Weiß, ø 2 mm, 50 cm lang
* Pompons, ø 7 mm, 1 x in Rosa, 3 x in Weiß
* Pompon in Weiß, ø 1 cm
* Silberglöckchen, ø 1,5 cm
* dünner Silberdraht, 10 cm lang

VORLAGEN
Bogen 4A

Himmlischer Adventskalender

vom Engelchen bewacht

1 Alle Einzelteile für den Engel und den Stern mit Transparentpapier auf den Karton übertragen und zuschneiden. Die Flügel aus Transparentpapier werden zweimal benötigt, einmal davon seitenverkehrt. Anschließend alle Einzelteile wie abgebildet an den Rändern schattieren.

2 Den Kopf mit Filzstift bemalen, die Wangen mit Buntstiftabrieb röten und die Nase aufkleben. Die orangefarben schattierten Haare nach Vorlage einschneiden, über den Kopf schieben und festkleben. Das Kleid mit weißem Lackmalstift bemalen und den Flicken sowie den Kragen aufkleben. Anschließend können Sie den Kopf auf dem Kleid ergänzen.

3 Die mit Hellbraun schattierten Arme und Beine nach Vorlage unter dem Kleid befestigen. Die einzelne linke Hand wird auf dem Kleid fixiert. Die Socke mit grünen Filzstiftpunkten versehen und auf dem Bein festkleben. Von hinten nun die beiden Transparentpapierflügel fixieren und den Engel auf dem Stern festkleben. Die Satinkordel mit Heißkleber möglichst weit oben unter den Stern kleben, sodass beidseitig gleich lange Enden heraushängen.

4 Die kleinen Behälter zum Füllen bestehen (bis auf den auf dem Stern) jeweils aus zwei Kartonteilen. Die Teile für die Oberseite mit einem roten Filzstiftkringel bemalen und mit dem Falzbein an der gestrichelten Linie entlang anritzen.

MOTIVHÖHE
ca. 31 cm

MATERIAL
* Fotokarton in Gelb, 1–2 Bögen, 50 cm x 70 cm (je nach Bedarf)
* Fotokartonreste in Hautfarbe, Hellgrün, Blau, Weiß und Rot
* Transparentpapierrest mit Sternen in Weiß-Silber
* Satinkordel in Gelb, ø 6 mm, 1–2 x 1,5 m lang (je nach Bedarf)
* Adventskalenderzahlen 1–24 aus Holz in Rot-Gold, 2 cm x 3 cm

VORLAGEN
Bogen 3B

Die Zacken kräftig nach innen umknicken. Das Oberteil mit den Fingern rund biegen und die Zacken mit Heißkleber auf dem runden Rand des Unterteils festkleben. Da das Unterteil kleiner ist als das Oberteil, entsteht so automatisch eine Tasche zum Befüllen.

5 Die Tasche für den Stern (nur Oberteil) ebenso etwas rund biegen und auf dem Stern fixieren. Nun die Holz-Adventskalenderzahlen auf den Behältern festkleben und diese mit Heißkleber links und rechts des Sterns mit der Oberkante an die Satinkordel kleben – dazwischen etwas Abstand lassen. An den Enden der Kordel Schlaufen abbinden oder mit Klebefilm abkleben. Daran kann der Adventskalender aufgehängt werden.

6 Auf der 1,5 m langen Satinkordel können Sie mittig den Stern sowie acht Behälter aufkleben, dazwischen können Sie noch kleine Geschenke hängen. Soll der Kalender größer werden, kleben Sie weitere Behälter auf eine zweite, gleichlange Satinkordel und hängen diese unter der ersten Kordel an der Wand auf.

Mein Tipp für Sie

Engel als Fensterbild
Der süße Engel auf dem Bethlehemstern ist natürlich ohne Behälter und Kordel auch ein schönes Fensterbild.

Fröhliche Winterwichtel

winken dir zu

MOTIVHÖHE
ca. 25–31 cm (ohne Hände)

MATERIAL
* Fotokarton in Hellrot, Hautfarbe und Weiß, A3
* Fotokartonreste in Hell- und Dunkelorange sowie Blau
* Karoband in Rot-Weiß, 1,5 cm breit, 20 cm lang
* Kunststoff-Ilexgirlande in Grün, 10 cm lang

VORLAGEN
Bogen 4B

1 Alle Einzelteile mit Transparentpapier auf die jeweiligen Kartonfarben übertragen und mit Cutter oder Schere ausschneiden. Die Mützen sowie die Brauen und Hände des Zwerges werden doppelt benötigt, einmal seitenverkehrt. Alle Gesichter und Hände mit hellbraunem, die Wangen und die Wichtelmützen mit rotem Buntstift schattieren. Die Augen und Münder mit Filzstiften auftragen.

2 Auf das Gesicht der Wichtelfrau die dunkelorangefarbene Nase mit Klebepads kleben und mit weißem Gel- oder Lackmalstift einen Lichtpunkt setzen. Um den Hals das Karoband binden und verknoten. Den blauen Karton mit einem Buntstift-Karomuster bemalen. Hierfür je zwei blaue Doppellinien waage- und senkrecht aufmalen und dazwischen je einen weißen Strich ziehen. Die Mittelpunkte mit einem weißen Lackmalstiftpunkt hervorheben. Das Oberteil nun aus dem bemalten Karton ausschneiden und unter dem Hals festkleben.

3 Das Haar nach Vorlage einschneiden, den Kopf durch den Schlitz durchschieben und festkleben. Das Herzmotiv mit Transparentpapier auf die Mütze übertragen (siehe Grundanleitung „Muster übertragen") und mit Gel- oder Lackmalstift ausmalen. Die fertige Mütze auf den Kopf kleben.

4 Auf den Kopf des Wichtelmannes zuerst den Bart kleben und darüber die Nase fixieren. Die Mütze ebenso mit einem nordischen Muster bemalen, auf dem Kopf befestigen und darüber die beiden Brauen anbringen. Zuletzt beidseitig die Haare ankleben.

5 Das Auge der Martinsgans wird extra ausgeschnitten, mit Filzstift bemalt und auf dem Kopf fixiert. Darunter wird der hellorangefarbene Schnabel angebracht. Die Ilexgirlande legen Sie von vorne um den Hals und sichern die Enden hinten mit Heißkleber. Zum besseren Anbringen am Fenster müssen Sie die Girlande etwas flachdrücken.

6 Und schließlich bringen Sie die Figuren mit doppelseitigem Klebeband oder Klebeknete in der Fensterecke bzw. am Fensterrand an.

Mein Tipp für Sie

Motiv abwandeln Die nordischen Motive auf den Mützen kann man auch für schöne Weihnachtskarten benutzen. Das Herz finden Sie bei den Vorlagen und wie's gemacht wird, steht in der Grundanleitung unter „Muster übertragen". Den letzten Schliff bekommt die Karte durch eine rote Filzstiftumrandung und einen aufgeklebten roten Strassstein.

Freunde für immer

der Eskimo und sein Husky

MOTIVHÖHE
ca. 39 cm

MATERIAL
* Fotokarton in Hellblau, A3
* Fotokarton in Schwarz, Blau und Rot, A4
* Fotokartonreste in Flieder, Lila, Türkis, Weiß, Hellgrün und Hautfarbe
* Prägekarton mit Eiskristallmuster in Weiß, A5
* Silberfaden, ø 1 mm, ca. 60 cm lang
* Schaschlikstäbchen

VORLAGEN
Bogen 3A

1 Alle Motivteile mit Transparentpapier auf Karton übertragen und ausschneiden. Die ovalen Punkte werden viermal, die Fische zweimal benötigt. Das Gesicht des Eskimos mit Filz- und Buntstiften gestalten und die Nase sowie die Haare aufkleben. Darüber die Mütze aus Prägekarton ergänzen.

2 Das Oberteil mit dunkelblauem Buntstift schattieren, mit dem Streifen aus Prägekarton bekleben und die vier ovalen Punkte mit je zwei Klebepads nach Abbildung anbringen. Jeweils einen Silberfaden (ca. 15–20 cm lang) mittig um die linken Klebepads legen, zur anderen Seite hin spannen und neben den rechten Klebepads verknoten. Die Enden der Fäden abschneiden.

3 Die fliederfarbene Hose mit den Stiefeln bekleben, die Krempe aus Prägekarton ergänzen und die Beine zusammen mit dem Kopf auf dem Oberteil festkleben. Den rechten Handschuh, bemalt mit grünen Filzstiftpunkten, hinter den Arm kleben.

4 Den Husky mit hellbraunem und rotem Buntstift schattieren und Auge, Brauen, Mund sowie die Linien zwischen den Beinen mit Filzstiften aufzeichnen. Die Kartonnase aufkleben und die Fellmaserungen mit schwarzem Buntstift anbringen und mit schwarzem Filzstift verstärken. Den Husky auf dem Arm und hinter dem Stiefel des Eskimos fixieren und den zweiten Handschuh oberhalb des Hundekopfes mit einkleben.

5 Die hellblaue Eisfläche mit türkisfarbenem Buntstift und weißem Lackmalstift bemalen und hinter dem Eskimo und dem Husky fixieren. Die Angel zusammensetzen und als Verstärkung ein Schaschlikstäbchen dahinterkleben. Den Silberfaden (20 cm lang) unter die Spitze der Angel kleben, mehrmals locker darumwickeln und auf der Rückseite mit Heißkleber sichern. Am zweiten Ende des Silberfadens den türkisfarbenen Fisch befestigen. Zuletzt einen weiteren Fisch auf der Eisfäche festkleben.

Morgen, Kinder, wird's was geben ...

was da wohl drin ist?

1 Alle Motivteile mit Transparentpapier auf den Karton übertragen und zuschneiden. Die Hosenkrempe, das Bein sowie der Schuh werden doppelt benötigt, einmal seitenverkehrt. Das Gesicht mit Bunt- und Filzstift bemalen, die Brauen mit weißem Lackmalstift auftragen. Das große Bartteil auf den Kopf kleben und darüber den Schnurrbart sowie die Nase ergänzen.

2 Alle roten Kleidungsstücke mit lilafarbenem Buntstift schattieren. Die Mützenkrempe nach Vorlage einschneiden und mit Goldpunkten bemalen, den Stern darunterkleben und die Krempe auf der Mütze befestigen. Den Kopf durch den Schlitz schieben und hinten festkleben. Um die Bartspitze den Silberfaden knoten und auf die Mützenspitze den weißen Pompon kleben.

3 Die Handschuhe mit Punkten bemalen, hinter die Arme kleben und diese im oberen Bereich auf dem Körper befestigen. Die Beine mit Streifen bemalen, unter die Schuhe und die gepunkteten Hosenkrempen kleben und diese am Körper fixieren. Den Kopf nach Vorlage auf den Oberkörper kleben und zwei, mit rotem Garn durchzogene Knöpfe darauf ergänzen.

4 Das große Geschenk mit der gelben Schleife bekleben und ein kleines und ein großes Ilexblatt ergänzen. Das Geschenk unter die Hände auf den Weihnachtsmannkörper kleben und zwei Pompons ergänzen. Den Teddybärkopf bemalen, zusammen mit den Beinen auf den Körper kleben und den Teddy auf dem Geschenk platzieren.

5 Das orangefarbene Paket mit einer gestreiften Schleife bekleben und auf Fuß und Geschenk fixieren. Das lilafarbene Paket mit goldenen Lackmalstift-Kringeln verzieren und das Organzaband umlegen und oben verknoten. Das Paket zum Schluss hinter die Figur kleben und rechts und links noch ein Ilexblatt sowie einige Pompons ergänzen.

Mein Tipp für Sie

Motiv abwandeln Der kleine Weihnachtsmann ist aus Rebenkugeln gebastelt, die es fast überall in Deko- oder Gartenmärkten gibt. Dafür an einer ca. 7 cm großen Rebenkugel eine Stelle suchen, auf der sie gut stehen kann (evtl. Kartonstück darunterkleben) und schräg gegenüber eine kleine Kugel (ø 4 cm) mit Nylonfaden anbinden. Die Kartonteile für den Kopf zuschneiden, bemalen und übereinanderkleben. Den Kopf mit Heißkleber auf die Kugeln kleben und zwei Pompons (ø 2 cm) als Nase und Mützenspitze ergänzen.

MOTIVHÖHE
ca. 38 cm

MATERIAL
* Fotokarton in Rot und Weiß, A4
* Fotokartonreste in Lila, Orange, Hautfarbe, Schwarz, Grün, Braun, Hell- und Dunkelblau und Rosa
* Prägepapierrest mit Streifen in Gelb
* 2 Holzknöpfe, ca. ø 1,2 cm
* Pompons, ø 7 mm, 4 x in Rot, 1 x in Grün
* Pompon in Weiß, ø 2 cm
* Silberfaden, ø 1 mm, 15 cm lang
* Organzaband in Rot, 7 mm breit, 20 cm lang
* Lackmalstift in Gold
* Stickgarnrest in Rot

VORLAGEN
Bogen 1B+2B

Cooler Rentier-Express

im Eiltempo zum Weihnachtsfest

MOTIVHÖHE
ca. 31 cm

MATERIAL
* Fotokarton in Hellrot, A3
* Fotokartonreste in Schwarz, Rot, Gelb, Beige, Ockerbraun, Hell- und Dunkelgrün, Hellblau, Lila und Weiß
* Motivkartonrest mit Jeansmuster in Blau
* Prägepapierrest mit Streifen in Blau
* Holografiekartonrest in Silber
* 2 Pompons in Weiß, ø 7 mm
* Glöckchen in Hellgrün, ø 2 cm
* Silberfaden, ø 1 mm, 25 cm lang
* Draht in Silber, ø 0,5 mm, 10 cm lang
* 12 Strasssteine in Kristallklar, ø 6 mm
* 2 Glasnuggets in Rot, ca. ø 1,8 cm
* Erlenzapfenästchen

VORLAGEN
Bogen 4A

1 Alle Kartonteile nach Vorlage zuschneiden. Den Stern, das Geweih sowie alle Reifenteile zweimal anfertigen.

2 Den Pickup mit dunkelrotem Buntstift schattieren und das zweiteilige Licht ankleben. Die kleine Zuckerstange mit rotem Filzstift bemalen, als Griff aufkleben und die Kotflügel mit weißen Lackmal- oder Gelstiftpunkten bemalen. Die Reifen mittig mit den Holografiekreisen bekleben und darüber mit Heißkleber je einen Glasnugget fixieren. Die Kotflügel mit Klebepads darüber anbringen und die fertigen Reifen auf dem Auto befestigen.

3 Das Rentier mit Bunt- und Filzstiften bemalen und die rote Nase sowie eines der Geweihe aufkleben. Das zweite Geweih etwas versetzt dahinter anbringen. Das Jeans-Oberteil der Vorlage gemäß einschneiden und die Hand hinter dem Ärmel befestigen. Das Oberteil mit dem Rentierkopf versehen und so auf dem Auto festkleben, dass der Arm vorne übersteht. Von hinten das Lenkrad sowie die Frontscheibe ergänzen. Die beiden Schalteile an den Spitzen einschneiden und je eines vor und hinter dem Hals festkleben.

4 Den Tannenbaum dunkelgrün schattieren, mit Lackmalstift drei Girlanden aufmalen und die Strasssteine darauf festkleben. Den Tannenbaum hinter den Pickup kleben und einen der Sterne als Baumspitze ergänzen. Das lilafarbene Geschenk mit Punkten bemalen, die Holografieschleife aufkleben und das Geschenk hinter die Ladefläche kleben. Das mit Buntstift gestreifte blaue Paket dahinterkleben.

5 Nun den Silberfaden mit Heißkleber hinter die Rückenstange kleben, zweimal herumwickeln und das zweite Ende hinter dem lilafarbenen Geschenk befestigen. Den kleinen Erlenzapfenast über den Faden stecken und rechts und links den zweiten Stern, das mit Lackmalstift bemalte Herz, den

mit Pompons beklebten Mistelzweig und den zweiteiligen Fliegenpilz ergänzen und festkleben.

6 Zuletzt können Sie das Glöckchen am gekringelten Draht anknoten und dessen Ende hinter dem Pickup mit Heißkleber festkleben.

Christiane Steffan, geboren 1971, lebt mit Mann, Hasen und Hühnern im Odenwald. Sie liebt alles, was knallig bunt und lustig ist und hat schon immer gerne gemalt und gebastelt. So richtig infiziert hat sie das Hobby Basteln während ihrer Ausbildung in einem kleinen Kaufhaus mit Bastelabteilung. Seit 2001 veröffentlicht sie Bastelbücher zu verschiedenen Themen, meistens aber alles rund ums Papier. Wenn Sie mal nicht bastelt, dann näht sie, liebt es ins Kino zu gehen oder liest gerne Thriller. Anregungen, Kritik oder Fragen können Sie unter Christiane.Steffan@web.de direkt an die Autorin richten.

DANKE!

Ein herzliches Dankeschön den Papierfirmen Heyda (Hagen) und Ludwig Bähr (Kassel) sowie Knorr-Prandell/Gütermann (Lichtenfels) für die freundliche Bereitstellung von Materialien.

TOPP – Unsere Servicegarantie

WIR SIND FÜR SIE DA! Bei Fragen zu unserem umfangreichen Programm oder Anregungen freuen wir uns über Ihren Anruf oder Ihre Post. Loben Sie uns, aber scheuen Sie sich auch nicht, Ihre Kritik mitzuteilen – sie hilft uns, ständig besser zu werden.

Bei Fragen zu einzelnen Materialien oder Techniken wenden Sie sich bitte an unseren Kreativservice, Frau Erika Noll.
mail@kreativ-service.info
Telefon 0 50 52 / 91 18 58

Das Produktmanagement erreichen Sie unter:
pm@frechverlag.de
oder:
frechverlag
Produktmanagement
Turbinenstraße 7
70499 Stuttgart
Telefon 07 11 / 8 30 86 68

LERNEN SIE UNS BESSER KENNEN! Fragen Sie Ihren Hobbyfach- oder Buchhändler nach unserem kostenlosen Kreativmagazin **Meine kreative Welt.** Darin entdecken Sie vierteljährlich die neuesten Kreativtrends und interessantesten Buchneuheiten.

Oder besuchen Sie uns im Internet! Unter **www.frechverlag.de** können Sie sich über unser umfangreiches Buchprogramm informieren, unsere Autoren kennenlernen sowie aktuelle Highlights und neue Kreativtechniken entdecken, kurz – die ganze Welt der Kreativität.

Kreativ immer up to date sind Sie mit unserem monatlichen **Newsletter** mit den aktuellsten News aus dem frechverlag, Gratis-Bastelanleitungen und attraktiven Gewinnspielen.

IMPRESSUM

FOTOS: frechverlag GmbH, 70499 Stuttgart; Christiane Steffan (alle Arbeitsschrittfotos); lichtpunkt, Michael Ruder, Stuttgart (alle übrigen)
PRODUKTMANAGEMENT UND LEKTORAT: Tina Herud
GESTALTUNG: Heike Köhl
DRUCK: frechdruck GmbH, 70499 Stuttgart

Auflage:	5.	4.	3.	2.	1.	
Jahr:	2014	2013	2012	2011	2010	[Letzte Zahlen maßgebend]

ISBN 978-3-7724-3863-9 • Best.-Nr. 3863 PRINTED IN GERMANY